Inscriptions Syriaques de Salamas, en Perse

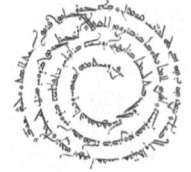

Analecta Gorgiana

1042

Series Editor

George Anton Kiraz

Analecta Gorgiana is a collection of long essays and short monographs which are consistently cited by modern scholars but previously difficult to find because of their original appearance in obscure publications. Carefully selected by a team of scholars based on their relevance to modern scholarship, these essays can now be fully utilized by scholars and proudly owned by libraries.

Inscriptions Syriaques de Salamas, en Perse

M. Rubens Duval

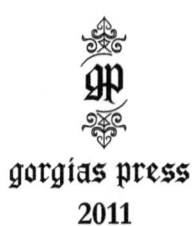

gorgias press

2011

Gorgias Press LLC, 954 River Road, Piscataway, NJ, 08854, USA

www.gorgiaspress.com

Copyright © 2011 by Gorgias Press LLC

Originally published in 1885

2011 ܀ܐ

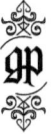

ISBN 978-1-4632-0090-9

ISSN 1935-6854

Reprinted from the 1885 Piscataway edition.

Printed in the United States of America

INSCRIPTIONS SYRIAQUES

DE

SALAMÂS, EN PERSE,

PAR

M. RUBENS DUVAL.

Lorsque nous préparions la publication des textes que nous avions recueillis dans les deux dialectes néo-araméens parlés actuellement dans le district de Salamâs, en Perse, au nord-ouest du lac Ourmia, nous avions été frappé de la divergence des traditions locales relatives à l'origine des populations araméennes établies entre le versant oriental des monts du Kurdistan et la rive occidentale du lac Ourmia. Nous croyons utile de rapporter ici ce que nous disions dans l'introduction de nos *Dialectes néo-araméens de Salamâs*, publiés l'année dernière, p. III-IV : «Les Chaldéens de Salamâs sont de même origine que les Chaldéens et les Nestoriens d'Ourmia; la comparaison de leurs dialectes ne laisse guère de place au doute. Le fond de la langue est le même; il y a peu de vocables qui ne soient communs aux uns et aux autres, les principales différences portent sur la phonétique et s'expliquent par la situation géographique de ces populations. Le district de Salamâs

appartient à la région montagneuse, son dialecte est
plus chargé de sons aspirés et gutturaux, les élisions
et les contractions de syllabes y abondent.

« Il est cependant surprenant que les traditions
locales sur les origines de ces chrétiens soient aussi
divergentes. « Les Nestoriens d'Ourmia, dit Perkins
« (*Residence*, p. 9), ont une tradition générale que
« leurs ancêtres immédiats descendirent des mon-
« tagnes pour vivre dans la plaine à une époque non
« connue au juste, mais qui remonte à environ cinq
« ou six siècles. » Cette tradition est parfaitement
conforme aux éclaircissements qu'on peut tirer de
l'histoire, si pauvre qu'elle soit [1].

« Les Chaldéens de Chosrâva, dans le district de
Salamâs se croient, au contraire, indigènes dans le
pays [2], et font remonter leur conversion au christia-
nisme aux premiers siècles de notre ère. Chosrâva
n'a jamais été qu'un village, mais il aurait été l'em-
placement d'un camp de Chosroès Nouschirvan qui
lui aurait donné son nom. Chosrâva, en effet, est
abrégé du persan *Khosro âbad* fondation de Chosroès.
Mais ces différentes données se concilient facile-
ment, si on admet que les migrations des Nestoriens
à Chosrâva ont précédé de plusieurs siècles le départ
des familles qui sont venues se fixer dans la plaine
d'Ourmia. Ces dernières ont pu garder le souvenir

---

[1] Comp. Nœldeke, *Grammatik der neu-syr. Sprache;* Einleitung
p. xxi et xliii. La première mention d'évêques nestoriens à Ourmia
est de l'an 1111, Assemâni, *Bibl. Or.*, II, p. 449.

[2] Voir Smith and Dwight, *Missionary Researches*, p. 352.

de leur ancien séjour dans le Kurdistan turc, tandis
que les Chaldéens de Salamâs n'ont plus conscience
de leur origine primitive. L'établissement des Nestoriens à Ourmia ne peut guère être reculé plus loin
que le xiiᵉ siècle; il paraît, au contraire, que le cimetière de Chosrâva renferme des inscriptions tumulaires d'une époque beaucoup plus ancienne.
L'une d'elles notamment, en bel estranghelâ et à la
mémoire de l'étudiant Chosroès, *Khosró eskoulâyâ*,
serait datée du viiᵉ siècle. Ce n'est cependant qu'au
xiiiᵉ siècle que l'histoire mentionne les évêques de
Salamâs. En 1281, Joseph, évêque de Salamâs, assiste
à la consécration du patriarche Yaballaha. C'est en
1576 que Chosrâva figure comme le siège d'un archevêché; auparavant, ce diocèse relevait d'abord
du métropolitain d'Arbèle et ensuite du métropolitain de l'Adherbeidjân ayant son siège à Ourmia,
voir Assemâni, *B. O.*, III, ii, 423 et 773. »

Nous ajoutions que les juifs de Salamâs avaient,
de leur côté, une tradition qui leur était commune
avec les juifs d'Ourmia, et d'après laquelle leurs ancêtres seraient venus du Kurdistan turc s'établir sur
le territoire qu'ils occupent actuellement, tradition
confirmée, du reste, par la similitude du dialecte
araméen de ces juifs et de l'idiome parlé par leurs
coréligionnaires de Bourdouk dans le district de
Gawar (Kurdistan turc).

Le renseignement concernant les inscriptions tumulaires du cimetière de Chosrâva nous avait été
fourni par le Père Bedjan, prêtre de la Mission,

originaire de Chosrâva. Comprenant l'importance
de ce renseignement, s'il pouvait en donner la
preuve matérielle, il pria, à notre demande, ses
confrères de la mission de Chosrâva de visiter les
cimetières et les églises de la localité et des environs,
de rechercher les inscriptions les plus anciennes qui
s'y trouveraient et d'en prendre des estampages
exacts. C'est à ces recherches que sont dues les huit
inscriptions que nous publions ici et dont M. Bedjan
a bien voulu nous remettre les estampages, en les
accompagnant de judicieuses observations. Les trois
premières et la dernière ont été relevées par le
prêtre Isaac, professeur au séminaire de la Mission
et curé de Pàtavour, village près de Chosrâva; mal-
heureusement ce digne prêtre a été frappé d'insola-
tion pendant ce travail et succombait quelques jours
après, à l'âge de trente-sept ans. Les deux premières
proviennent du cimetière de Chosrâva, la troisième
a été prise dans le cimetière de Sarna, près de
l'église de Mar-Yohanna, à six ou sept kilomètres
au sud de Chosrâva, la dernière a été recueillie
dans le cimetière situé au pied de la colline de Saint-
Jean, près l'ancienne ville de Salamâs, à quatre kilomètres au nord-ouest de Chosrâva. Ces cimetières
ont certainement contenu un grand nombre de
monuments anciens, mais le prix élevé de la pierre
de taille est cause que l'on utilise à des constructions
modernes des pierres anciennes dont on fait sauter
au ciseau les inscriptions généralement gravées en
relief. Ce fait s'est présenté notamment pour le ci-

metière de Chosrâva d'où l'on tira, en 1845, un
grand nombre de pierres de taille pour la reconstruction de la cathédrale. Pour l'intelligence de la
disposition de ces épitaphes, nous rapporterons les
renseignements suivants que nous devons à l'obligeance de M. Bedjan : les monuments funéraires
affectent ordinairement trois formes : 1° Forme
d'un berceau oriental avec toit, appelé *durgûštâ*, tel
qu'on représente chez nous l'arche de Noé; les inscriptions sont gravées sur les côtés; 2° Forme d'un
bélier debout sur ses quatre pattes, *dakhrâ*, avec inscriptions sur le dos aplati; 3° Forme oblongue et
rectangulaire du monument, appelé *Sandûqâ-al-mîta*
«coffre funéraire» mesurant en général un mètre
cinquante centimètres de long sur un mètre de haut
et cinquante centimètres de large; la pierre d'un
seul bloc repose sur une dalle, appelée *šᵉvîtâ* «lit»,
qui dépasse de chaque côté; inscriptions sur les
côtés.

Les quatre autres inscriptions, nᵒˢ 4, 5, 6 et 7,
ont été recueillies, après la mort du prêtre Isaac,
par ses confrères, savoir : nᵒ 4 dans l'église de Tchara,
village situé dans la montagne, à vingt kilomètres
environ à l'ouest de Chosrâva; et les nᵒˢ 5, 6 et 7 dans
l'église de l'ancienne ville de Salamâs, aujourd'hui
Kiœhna-šaher ou Qaṣaba. Quoique cette ville ne renferme plus aujourd'hui de Nestoriens, mais seulement des Juifs et des Musulmans, cependant on y
vénère encore l'église consacrée à Mar Ḳuriaḳos, re-
gardée comme un lieu saint même par les musul-

mans et visitée en pèlerinage par les chrétiens des environs.

Nous joignons à notre transcription des reproductions des estampages; les deux premières inscriptions ont été reproduites par M. Dujardin et figureront dans le *Corpus inscriptionum -semiticarum*. Les contours des lettres ont été repassés à l'encre sur les estampages par les personnes qui ont pris ces estampages.

I.

CIMETIERE DE CHOSRÂVA.

Cette inscription est celle dont M. Bedjan avait gardé le souvenir et à laquelle il est fait allusion dans le passage rapporté ci-dessus de l'introduction de nos Dialectes néo-araméens. Elle provient d'un tombeau en forme de berceau et se compose de deux parties gravées chacune sur un côté du monument.

Premier côté :

ܪܚܡܐ ܒܝܬ ܐܬܘܬܗ، ܗܘ
ܪܐܘܒܕܐ ܗܘܠܝ ܩܘܠܬܗ
ܟܝܪܐ ܒܪ ܗܒܩ ܫܝܐܕ

Deuxième côté :

ܗܘ ܠܓ ܗܒܒ ܗܡܘܢ ܠܝܪܐ
ܣܪܝܐ ܒܘܣܩܕ ܠܗ ܒܝܬܗ
ܐܠܓ ܕܪܚܐ ܠܗܘܢ

Ceci est le lieu de repos
de l'étudiant Soleimân,
le bienheureux, fils de Khosrô.

Il est décédé dans le mois de Kânûn,
Que le Seigneur lui accorde [le repos], dans l'année
mil neuf des Grecs (décembre 697 de J.-C.).

Il y a redondance dans ܝܗܘܬܝܐ ܗܘ pour
ܝܗܘܬܝܐ ܟܝܗ ou simplement ܗܘ.

La mention du titre du défunt a son importance,
car elle montre qu'au vII° siècle il existait déjà à
Chosrâva un établissement plus ou moins important
d'Araméens. Cet établissement se bornait-il simplement à une mission de quelques prêtres envoyés
par le patriarche des Nestoriens pour convertir les
indigènes du pays, comme on en trouve de nombreux
exemples à cette époque, entre autres la mission en
Chine de l'an 636 dont parle le monument syro-chinois
de Si-gnan-fu? Il est difficile de se prononcer avec cer-
titude sur ce point important; mais il y a de grandes
probabilités qu'à cette époque déjà une population
araméenne était établie à Salamâs. La tradition d'après
laquelle les Araméens seraient indigènes dans le
pays, prouve en faveur de l'âge très ancien des
premières migrations des populations du Kurdistan
turc vers l'est, ainsi que nous l'avons dit plus haut.
La mention de l'écolier Soleimân dénote l'existence
d'un monastère, car, chez les Nestoriens, l'école dé-
pendait généralement d'un monastère; peut-être
même le monastère de Saint-Georges à Chosrâva, où

résidait le patriarche Siméon au xvi⁰ siècle (*B. O.*, III,
1, 622), existait-il déjà. Tout doute disparaîtrait si cette
inscription et les suivantes étaient rédigées dans le dialecte araméen parlé encore aujourd'hui dans le pays;
mais il n'en pouvait être ainsi, car le syriaque classique
était seul usité dans les écrits et c'est aux missionnaires
américains que revient l'honneur d'avoir appris aux
Nestoriens à se servir pour leur dialecte des anciens
caractères syriaques. Les Nestoriens d'Ourmia s'ha-
bituent même, depuis quelques années, à composer
des inscriptions tumulaires dans leur dialecte vul-
gaire.

Le nom de Soleimân est un indice qu'au vii⁰ siècle
déjà les chrétiens adoptaient des noms arabes. Le
nom de Khosrô, si fréquent à Chosrâva et qui se
trouve encore dans l'inscription suivante, ne suffit
pas à prouver l'établissement d'Araméens dans cette
localité à l'époque des Sassanides, car il était également répandu dans les provinces voisines du
Tigre.

Le mois de Kânûn sans autre désignation doit
s'entendre de Kânûn I correspondant à notre mois
de décembre (comp. dans la Pešîṭta *Nehem.* 1 et
Zach. vii, 1 avec **Esther** ii, 16). Les Néo-syriens
suivent l'ancien calendrier syriaque qui a deux mois
de Kânûn, voir *Neu-syr. gramm.* p. 156 note 1. Il
n'y a donc pas lieu de songer ici à l'ancien calendrier qui n'avait qu'un mois de Kânûn et que les
Palmyriens et les Mandéens avaient encore con-
servé.

Après ܒܣܘܡܐ ܠܗ, ligne 5, le mot ܣܘܠܐ que portent les autres inscriptions, a été omis.

ܘܐܬܐ se rapportant à un féminin est incorrect, régulièrement on devrait lire ܐܬܒ.

L'absence de croix au milieu des rosaces de cette inscription et de la dernière inscription s'explique par la répulsion que ce signe inspire aux Musulmans qui, en Perse, encore aujourd'hui, le proscrivent ou l'outragent.

Les caractères ne sont pas de l'estranghelà pur, mais ils appartiennent au type nestorien que l'on croyait jusqu'à ce jour beaucoup plus moderne. On comparera avec ce dernier les formes du *hé*, du *dâlath*, du *risch*, de quelques *alef* et de quelques *tav*. Le *qof* et le *mim* sont, au contraire, anciens. Le *vav* est joint à la lettre suivante comme dans les manuscrits de la même époque. Les points du *risch* et du *dâlath* sont les seuls signes diacritiques.

II.

CIMETIÈRE DE CHOSRÂVA.

Cette inscription est également divisée en deux parties, gravées probablement sur les deux côtés d'un monument de forme oblongue, un *ṣandûqâ*.

Premier côté :

ܗܢܐ ܐܘܬܝܡܐ, ܒܝܬ ܢܝܚܐ ܕܩܫܝܫܐ

ܒܩܝܡܐ ܝܘܠܦܢܐ

ܒܪ ܩܫܝܫܐ ܒܢܝܘܗܝ

Deuxième côté :

ܡܠܕ ܒܫܕ ܒܪ ܫܠܝܐ ܠܡ ܫܘܦܩܐ ܗܪܒ
ܟܪܐ ܐܪܟܡܒܪܐ ܘܐܟܡܒܗܪܐ ܒܬ ܟܘܣܪ
ܢܝܚ ܢܚܬ ܐܠܐ ܗܕܟܐ ܝܠܢ

ܐܡܝܢ

Ceci est le lieu de repos du diacre
ʿAmlad   le bienheureux,
fils du prêtre   Khosrô.

Que notre Seigneur lui accorde le repos avec les Justes et
les Pères. Il est décédé dans le mois de Nîsân, l'an mil neuf
des Grecs (avril 698 de J.-C.). Ainsi soit-il.

Le nom d'ʿAmlad ne semble pas connu d'ailleurs.
Il vaudrait peut-être mieux lire ʿImâd, عِمَاد, nom
arabe répandu en Syrie. Même observation sur
ܗܪܒܟܐ que pour l'inscription précédente, à laquelle
celle-ci n'est postérieure que de trois mois; caractères semblables; pas d'autres points diacritiques que
ceux du pluriel, du *risch* et du *dâlath*.

Le prêtre Khosrô était marié, suivant l'usage
établi par Bar Ṣaumà au ve siècle.

III.

CIMETIÈRE DE SARNA.

Cette inscription paraît être gravée sur un monument étroit, une pierre verticale ou un dos de

bélier. Elle se compose aussi de deux parties qui
paraissent se suivre :

ܗܢܘ ܐܬܪܐ
ܒܝܬ ܢܘܚܐ
ܘܩܒܪܐ
ܕܥܒܕܗ
ܕܙܝܥܐ ܒܪ ܨܠܝ
ܒܘ ܐܚܘܗܝ ܕܒܟܟ
ܘܣܘܣ ܢܝܚ
ܡܪܢ ܗܘ
ܢܝܚ ܡܪܢ ܠܗ ܒܡܠܟܘܬܐ ܕ
ܒܫܢܬ ܐܠܨܚ
ܕܝܘܢܝܐ ܐܡܝܢ

Ceci est
le lieu de repos
et le tombeau
du serviteur
Zeiᶜa, fils de
Ṣlîbʰû, frère de
Bacchus;
que notre Seigneur lui accorde
le repos dans le royaume [des cieux].
En l'année 1098
des Grecs (avril 787 de J.-C.). Amen.

v.

ܡܝܬ ܕܝܢ
ܢܦܩ ܡܢܠܡܐ ܒܝܪܚ
ܢܝܣܢ ܗܘ ܕܐܬܠܬ
ܒܝܪܚ

Il est décédé du
monde dans le mois
de Nisàn, le trois
du mois.

Sur ܗܘܢ ܐܝܬ, même observation que pour
le n° 1; ܐܝܬ est l'abréviation usuelle de ܐܝܬܘܗܝ.
Au lieu de ܕܩܒܝܪ, l. 3, on s'attendrait à ܘܩܒܝܪ,
comp. Insc. VIII, l. 1, ܩܒܝܪ ܘܒܗ ܢܦܩ.

Zeïâ qui, à notre connaissance, ne se rencontre
pas dans la littérature syriaque, est un nom très répandu chez les Nestoriens actuels. L'église de Djélû
est consacrée à *Mar Zeïâ;* le nom patronymique du
précédent patriarche des Chaldéens était *Zeïâ.*

Ṣlib^hû, ܨܠܝܒܘ, paraît être une forme étrange,
quand on compare le nom syriaque bien connu de
Ṣlib^hà, ܨܠܝܒܐ, et, au premier abord, on est tenté
de voir dans le *vav* final une orthographe fautive ou
une erreur du lapicide. Mais M. Bedjan, auquel
nous fîmes part de nos scrupules, nous confirma
l'exactitude de la forme ܨܠܝܒܘ qui est le nom vul-
gaire encore usité aujourd'hui, tandis que ܨܠܝܒܐ
est le nom dont on se sert pour désigner des per-

sonnes vénérées, telles qu'un saint ou un évêque.
Cette observation nous rappelle que dans le dialecte
néo-araméen parlé par les chrétiens de ce pays, les
noms de parenté donnés par amitié à un voisin ont
le sens d'un diminutif et la désinence *û*, ainsi : pour
bâbâ « père », *nânâ* « mère », *ḥalâ* « oncle », *ḥaltâ*
« tante », etc., on dit en pareil cas : *bâbû* « petit-père »,
nânû « petite-mère », *ḥalû* « petit-oncle », *ḥaltû* « petite-
tante », voir *Les dialectes néo-araméens de Salamâs*,
p. 9, l. 3 et suiv. La terminaison *û* s'explique dans
ces mots par le suffixe du diminutif araméen *ûn*,
dont le noun est tombé, comme il arrive fréquem-
ment au noun final dans les dialectes araméens. Il
est à remarquer que cet affixe apocopé sert également pour le masculin et le féminin. Ṣlîbʰû signifie
donc le petit Ṣlîbʰâ [1].

Le nom de Bacchus qui vient ensuite est très répandu chez les Syriens.

Le mot qui termine la ligne 9 paraît être effacé
en partie, il était probablement écrit ܟܒܠܐܘ, abré-

---

[1] *Mâmû* « petit oncle paternel » est le titre honorifique donné par
les Nestoriens à leurs évêques et répond au titre de *Monseigneur*,
voir *Les Dialectes néo-araméens*, page 9 de la traduction, note 1.
Nous avions cru voir le même suffixe dans les noms nabatéens,
palmyréniens et édesséniens terminés par cette désinence, tels que
'Abdû, *Malkû*, *Bakrû*, etc.; on le trouve également avec des noms
féminins comme חלדו *Hulda*. Cependant on s'étonnerait dans cette
hypothèse de le rencontrer non seulement dans les noms de peuples,
comme נבטו, mais aussi dans des noms de divinités, comme קציו,
de Vogüé, *Syrie centrale*, p. 103, הבלו *Hobal* et منات = מנותו,
Inscr. Doughty, n° 2, où le *vav* paraît plutôt représenter la pronon-
ciation obscure d'*a* long.

4

viation de ܪܕܝܐܣܒܣ *dans le royaume (des cieux)*.

L'année est indiquée par les lettres ܐܨܬ; le ṣâdé ne portant pas de point diacritique, on pourrait hésiter entre la lecture 1098 et celle 1908. Mais cette dernière date nous ferait descendre trop bas, elle nous conduirait au xviie siècle de notre ère; or, nous voyons, par la dernière inscription, qu'à cette époque on ne se servait plus du caractère nestorien, mais qu'on était revenu au pur estranghelâ. Nous croyons donc qu'on devra s'en tenir à la première qui nous reporte au viiie siècle, un siècle après la date des deux inscriptions précédentes, et cet espace de temps explique suffisamment les différences que l'on remarque dans la forme des lettres. Cette date a une réelle importance, car, si elle est acceptée, notre inscription serait un nouveau témoignage en faveur de l'établissement ancien d'Araméens à Chosrâva. Le défunt est un laïque, fils et neveu de laïques, qui sortent du cercle étroit d'une mission de prêtres.

On remarquera les deux points du *zangâ* dont l'invention remonte au vi[e] siècle.

IV.

ÉGLISE DE TCHARA.

Inscription commémorative de la construction de l'église de Tchara. Caractères nestoriens dénotant une époque plus basse que ceux de l'inscription précédente, qui est de cinq siècles plus ancienne.

ܐܬܒܢܝ ܗܝܟܠܐ
ܗ ܩܕܝܫܐ
ܕܡܪܝ ܓܝܘܪܓܝܣ
ܨܠܘ̈ܬܗ ܥܠ
ܡܗܝ̈ܡܢܐ
ܒܫܢܬ ܐܚܥܒ
ܠܝܘ̈ܢ ܒܬܫܪܝ
ܩܕܝܡ
ܒܐܝ̈ܕܝ ܡܪܝ
ܨܠܝܒܐ ܘ
ܟܬܒ ܚܛܝܐ
ܐܒܘܢ ܩܢܟܝܐ
ܕܥܕܬܐ ܗ

A été construit ce temple
saint
de Mâr Gîwargîs,
ses prières soient sur
les fidèles,
en l'année 1672
des Grecs au mois de Tešrî-Qadîm
par les soins de Mâr
Slîbʰâ.
Ecrit par le pécheur
Abʰûn, le Ḳankâyâ
de cette église

Ligne 1. ܐܐܒܢܝ est une écriture fautive pour ܐܬܒܢܝ ; ܗܝܟܠܐ est le terme ancien pour église, l'expression moderne que l'on trouve à la dernière ligne est ܥܘܡܪ݂ܐ.

L. 2 et *ult.* ܗ est l'abréviation de ܗܢܐ.

L. 11. Le nom Ab^h^ûn, ܐܒܘܢ, est synonyme de ܐܘܓܝܢ, Eugène. C'est un usage chez les Nestoriens de prononcer *ab^h^ûn* le nom ܐܘܓܝܢ qu'ils rencontrent dans les homélies ou les hymnes. ܩܢܩܝܐ, *Ḳankâyâ*, est le titre donné au clerc chargé du service et de la garde du sanctuaire ou de la partie voûtée du temple, *κόγχη*.

La date de l'inscription nous reporte au mois d'octobre de l'année 1360 de notre ère.

V.

ÉGLISE DE LA VILLE DE SALAMÂS.

Inscription commémorative de la fondation de l'église de la ville de Salamâs, connue sous le vocable de Mâr Ḳuriaḳos.

ܒܢܝܐ ܕܥܘܡܪ݂ܐ ܗܢܐ ܐܬܫܬ

ܥܒܕ݂ܐ ܐܦ ܥܘܡܪ݂ܐ ܕܐܪ݂ܡܢܝܐ

ܒܗ ܒܥܒܕ݂ܐ ܫܢܬܐ ܒܡܕ̈ܝܢܬܐ ܕܣܟܪ݂

ܫܘܥܘܢܒ ܡܟܝܪ݂ ܕܗܘܠܟܘܣ

Le constructeur de cette eglise est le maître-maçon ʿAb^h^dâ.

On a construit aussi l'église des Arméniens la même année, Màr Jesuyab étant métropolitain de Salamâs.

Ligne 1. ܐܘܣܝܐ est abrégé du persan السّتاد.

L. 2. Les deux points du pluriel manquent sur ܐܪ̈ܡܢܝܐ

L. 4. ܘܒܥܘܕܗܘܢ est une écriture fautive, le deuxième *vav* est superflu.

Il est difficile de fixer la date de cette inscription. Le nom de Jésuyab a été porté par plusieurs métropolitains de Salamâs; il n'existe pas, du reste, d'archives à l'archevêché qui permette de suivre la série de ces prélats. Le caractère nestorien de cette inscription ne diffère pas beaucoup de celui de la suivante également sans date, mais il s'éloigne de de la VII° qui est en estranghelà. Celle-ci est datée de l'an 1770 de notre ère. D'autre part, la création de l'archevêché de Salamâs ne remonte pas plus haut que la seconde moitié du XVI° siècle. C'est donc après cette époque que se placerait la fondation de l'église de Màr Ḳuriaḳos; si on la fixe un siècle avant les deux reconstructions dont parlent les deux inscriptions suivantes, ce serait vers le milieu du XVII° siècle qu'aurait été gravée notre inscription; mais on peut remonter encore plus haut, car nous voyons par l'inscription VIII, qu'en 1642 on ne se servait plus pour ces inscriptions du caractère nestorien, mais de l'estranghelà.

VI.

ÉGLISE DE LA VILLE DE SALAMÀS.

Inscription commémorative d'une reconstruction
de l'église de Mâr Ḳuriaḳos, sans date, mais peut-
être postérieure d'un demi siècle à celle qui pré-
cède.

ܪܘܩ ܡܬܬܝ

ܬܬܘܪ ܪܒܡܩ

ܪ ܪܐܪܕ ܡܒ̈

ܟܝܚ ܠܗ

A reconstruit cette église, la femme d'Amer. Que le Seigneur lui donne le repos!

Ligne 1. ܡܬܬܝ est pour ܡܬܬܒܝ.

L. 2. ܡܒ̈ est pour ܡܒ̣.

VII.

ÉGLISE DE LA VILLE DE SALAMÀS.

Inscription commémorative d'une autre reconstruction de la même église. Le caractère n'est plus
le nestorien mais l'estranghelâ, comme dans l'inscription suivante qui lui est antérieure de plus d'un
siècle.

ܢܝܕܬܗ ܠܥܘܡܪܐ

ܗܘܝ ܩܒ ܒܝܫܐ

ܩܒ ܐܠܟ ܒܡܝܪ ܒܪ ܕܒܪ

ܕܡܡܪܢ ܘܩܫܝܫܐ

ܕܗܘܝܐ ܒܪ ܒܝܬ ܐܠܟ

A reconstrnit cette église sainte, le sieur Kerman, fils de
Dumšeq et le prêtre Davîdâ en l'année 1770.

Ligne 1. ܢܝܕܬܗ est par assimilation pour
ܢܒܝܬܗ

L. 3. ܒܘܠܟ est le persan خواجه.

L. 5. ܕܗܘܝܐ est une forme du nom de David
encore usitée aujourd'hui.

VIII.

CIMETIÈRE PRÈS DE LA VILLE DE SALAMÂS.

Inscription magnifique, mais moderne, composée
de deux parties, gravées sans aucun doute sur les
deux côtés d'un ṣanduqâ. Elle est remarquable par
la beauté des caractères qui sont du pur estranghelâ;
le type nestorien qui servait pour les inscriptions
antérieures, semble ne plus avoir été employé à
cette époque, xviiᵉ siècle.

Premier côté :

Deuxième côté :

Ceci est le tombeau et le lieu de repos de Nàzekhàtùn,
servante du Christ, qui est décédée
 au mois de Tâmùz. Que le Seigneur lui accorde le repos
parmi les pieuses!
 Nàzekhàtùn, femme bénie,
 qui nourrissait des orphelins
 et des veuves; elle laissa des fils
 et des filles et les quitta
 dans le deuil. Elle est décédée l'an
 mil six cent
 quarante-deux.
 Elle fut parfaite dans ce monde, sans péché et sans faute;
elle s'est évanouie
 à l'instar d'un songe. Que le Seigneur lui donne le repos,
lors de la résurrection,
 au terme fixé. Elle a laissé
 de l'affliction dans ce monde
 et un deuil sans fin.
 Ceci est la pierre gravée de Nàzekhàtùn
 fille d'Aumig de Salamâs
 le glorieux, femme de Mas'oud
 fils de Denkha, le noble.

La défunte a un nom persan نازخاتون « gracieuse
dame »; son père Aumig porte sans doute un nom
turc; en tous cas, le suffixe ܠܟ dans ܣܘܠܡܣܟܐ est
turc; son mari a un nom arabe, مسعود; le père de
celui-ci a un nom syriaque très connu, ܕܢܚܐ,
ἐπιφάνιος. Ce mélange donne une idée de ce qu'est
le néo-syriaque parlé aujourd'hui dans le pays, si
on ajoute encore une certaine quantité de mots
kurdes.

On remarquera les points-voyelles et les points

de la ponctuation qui sont rares dans les autres inscriptions. La ponctuation ܚܕܬܐ l. 10, au lieu
ܚܕܬܐ est conforme à l'usage des Nestoriens
d'abréger la voyelle longue dans une syllabe fermée.
Le mot ܗܘܒ, l. 2 et 8, paraît être pris dans le sens
ܠܝܕ, comp. n° 1, l. 4. L'écriture ܟܐܢܐܬܐ, l. 2,
est une orthographe singulière, le deuxième *alef*
indique la voyelle longue du pluriel et remplace les
deux points du *ribui;* en outre, la préposition ܒܡ
a été omise devant ce mot, comp. n° 2, l. 4.

Le deuxième mot de la ligne 7 est fautif : lire
ܒܬܘܕܝܬܐ au lieu de ܘܟܝܪܬܐ. Le cinquième
mot de la ligne 8 doit être lu ܣܢܝܢܘܬܗ; le manque
d'un des deux *nún* est peut-être imputable au lapicide, mais le suffixe masculin au lieu du féminin
est une faute de l'auteur de l'inscription. Ce mot
répond à l'expression : ܝܣܩܘܕ ܠܗ ܣܝܢ, dans les
inscriptions qui précèdent.

L. 9, au lieu de ܣܡܝܬܐ ܐܘܐܟ, l'auteur de
l'inscription n'avait-il pas écrit ܣܡܝܬܐ ܐܘܐܟ
« pierre précieuse »?

L'inscription renferme dans chacune de ses parties
un petit panégyrique en vers heptasyllabiques.

La première partie, l. 3 et suiv., a quatre vers.

ܢܦܘܩ ܐܢܬܘܢܝ ܒܪܝܟܬܐ
ܕܒܗܪܘܡ ܢܬܪܟ ܘܐܪܡܠܬܐ

La deuxième partie, l. 7 et suiv., en a six.

Le premier vers de la deuxième partie n'a que
six pieds, peut être faut-il lire à la fin ܚܐܠܝܐ ܝ ܚܒܕ
comme dans l'avant-dernier vers.

Le mot ܚܣܐܩܡܘܫ qui se trouve à la ligne 9
de l'inscription est un synonyme du mot ܚܣܝܒܢܐ
et demeure en dehors du vers.

Autour de la rosace de la première partie court,
de droite à gauche, une inscription en persan, qui
donne le nom du graveur de l'inscription :

عمل استاد خسرو عزّ الدين (؟) دعا گوی مردان

OEuvre du maître-ouvrier Khosrò Ezz ed-Din (?), qui fait
des vœux pour les hommes [1]

---

[1] Nous devons à l'obligeance de M. Barbier de Meynard la lec-

Le *sin* est marqué de deux points comme dans
les gloses arabes de certains manuscrits des lexiques
de Bar ʿAli et de Bar Bahlul.